AF336423

LES CINQ
GRANDES PUISSANCES
DE L'EUROPE,

PAR ***.

§ I.

Cinq puissances, en Europe, se sont constituées arbitres du monde : on les appelle grandes puissances.

Cela ne veut pas dire qu'elles soient également grandes, également fortes, également influentes.

Celui qui prendrait pour mesure de leur influence leurs forces matérielles ou même la forme de leurs gouvernements, se tromperait étrangement. L'Autriche, par exemple, est matériellement plus forte que la Russie et son gouvernement est également despotique, et cependant on ne pourrait jamais comparer l'influence de l'Autriche à celle de la Russie.

Qu'est-ce qui constitue donc l'influence d'une puissance? ou, pour mieux dire, qu'est-ce qui constitue la *valeur nominale* d'un grand état en Europe?

Deux choses : 1° la force (remarquez bien que nous ne disons pas la forme, nous disons la *force* du gouvernement à l'intérieur), et 2° une pensée *active*, une tendance politique *active* à l'extérieur.

Ces deux choses sont indispensables à un état qui veut avoir une influence marquée en Europe; et ce qui est plus, elles (ces deux choses) n'existent jamais séparément.

Il ne faut pas être homme d'état pour savoir qu'une nation, je me trompe, un état est toujours dépourvu de toute *pensée politique active* à l'extérieur lorsque son gouvernement est faible à l'intérieur. Mais ce qui est sûr aussi, c'est qu'un état fortement constitué ne reste jamais long-temps sans se mouvoir au dehors.

Examinons sous ce point de vue les cinq grandes puissances de l'Europe, les cinq arbitres du monde.

§ II.

La force du gouvernement russe à l'intérieur, c'est le *czarisme*. Nous disons czarisme, parce que c'est un principe gouvernemental à part, qu'on aurait peine à définir autrement. Ce n'est pas la monarchie des trois branches des Capets, ce n'est pas même celle des Tudors. C'est un autre principe, un élément social inconnu jusque-là en Europe.

Les Mongols l'ont apporté de l'Asie ; les ducs de Moscou, long-temps subjugués par ces barbares, ont appris d'eux la ruse, la cruauté systématique et intelligente, et enfin ce despotisme anti-chrétien qui ne reconnaît aucun autre droit social que son pouvoir, aucune autre hiérarchie que celle qu'il crée lui-même, aucune autre conscience que sa volonté.

Jean-le-Terrible, en massacrant par masses la noblesse, la haute bourgeoisie et des villes entières, a préparé la voie à Pierre-le-Grand, qui de son côté a donné le coup de grâce au principe des anciennes monarchies européennes en se proclamant le chef de l'Église russe, en massacrant le reste de ce qui lui faisait ombrage, en élevant un pâtissier aux premières dignités de l'état, en épousant enfin une servante qui a régné après lui.

Pierre est resté seul au milieu de ses esclaves. Plus d'aristocratie, plus d'Église, plus de droits du peuple ; et c'est tout juste au moment où il quitta le titre de czar pour celui d'empereur qu'il mit la dernière main au *czarisme*.

Le *czarisme*, comme nous le connaissons maintenant, doit nécessairement engendrer une *pensée politique active* à l'extérieur ; il doit avoir une tendance politique traditionnelle, continue, colossale. Aussi l'a-t-il.

Pierre Ier l'a conçue, et de ce moment la Russie est devenue le centre de la politique orientale. D'un côté son bras gauche s'étend par-dessus la Crimée, le royaume d'Astrakhan et les provinces méridionales polonaises, vers la Perse, vers la Turquie, vers Constantinople, vers l'Asie mineure, vers les Indes ; de l'autre côté sa main droite déchire les entrailles de l'Autriche en travaillant secrètement les populations slaves, qui en grande partie composent cet empire.

Le czarisme à l'intérieur, à l'extérieur a un but certain ; défini ; une pensée traditionnelle, continue, immuable, qui ne dépend plus ni d'un ministre, ni d'un empereur même ; enfin, une *pensée politique active*. Voilà la force de la Russie, voilà la cause indubitable de l'influence immense qu'elle exerce dans le monde.

§ III.

L'état qui se rapproche, sous ce point de vue ; le plus de la Russie, est la Prusse. Cette puissance, qui ne compte que treize millions d'habitants, moitié protestants, moitié catholiques, qui est coupée en deux ; dont une extrémité touche au Rhin révolutionnaire et l'autre s'appuie sur la Vistule insurrectionnelle ; qui, enclavée entre la France et la Russie, deux peuples conquérants, a devant elle l'Autriche et la maison de Habsbourg, cette maison jadis sa maîtresse, puis sa rivale, aujourd'hui si jalouse de sa puissance en Allemagne ; la Prusse, enfin, malgré tous ces inconvénients, est parvenue à être comptée parmi les grandes puissances de l'Europe ; elle se mêle de toutes les affaires du monde.

A quoi doit-elle, cette Prusse si faible en réalité, *sa valeur nominale?* Nous allons le voir. Depuis la chute des anciennes monarchies qui sont sorties du sein du moyen âge et de la civilisation catholique romaine, aucun gouvernement ne marche et ne se développe aussi régulièrement et avec autant de sagesse que le gouvernement prussien. Si nous oublions un moment les provinces conquises, les injustices dont Frédéric-le-Grand se rendit coupable, et quelques actes arbitraires qui se retrouvent dans tous les pays et sous toutes les formes de gouvernement, nous ne pouvons pas nier que tous les droits sont respectés en Prusse, et que le gouvernement, jaloux de son autorité et ferme dans ses actions, n'enfreint les droits de personne. Si la monarchie prussienne pouvait s'appuyer sur un peuple puissant, homogène et catholique, ce serait une monarchie modèle. Alors ses mouvements seraient plus libres et plus francs, son développement plus prompt et plus complet: Bien des choses, qu'on refuse encore en Prusse et qu'on refusera toujours, auraient déjà été conquises par le peuple dans le développement de sa carrière. Cependant, malgré tous ces inconvénients, qui proviennent plutôt de la position du gouvernement que de sa nature, l'état prussien est assez fort pour avoir une *pensée politique active* à l'extérieur.

Ne pouvant avoir aucune prise du côté de la France et de la Russie, il ne reste à la Prusse qu'à agir sur l'Allemagne. Les possessions polonaises enflamment de temps en temps son ambition, mais sa politique de ce côté-là restera toujours *passive*. La Prusse voudra toujours garder l'embouchure de la Vistule et les belles provinces dont elle est aujourd'hui maîtresse, mais elle n'ira jamais plus loin. Je le répète, elle restera sur la défensive, elle gardera une *politique passive* de ce côté-là. Si un jour le fait dément notre assertion, ce ne sera pas la faute de la politique prussienne; elle sera poussée par les circonstances, ou plutôt par le machiavélisme de la Russie, qui lui cédera un morceau de ses possessions pour lui ravir plus tard avec usure ce qu'elle lui abandonnerait d'abord.

Les mouvements de la politique prussienne du côté de la Slavonie feraient manquer à cette puissance son but principal, l'empire sur l'Allemagne. Si un jour le rêve de quelques hommes d'état du cabinet prussien pouvait se réaliser, si un jour la couronne de Pologne (1) était abandonnée à la dynastie de Prusse, cette circonstance retarderait pour long-temps le développement des peuples slaves et annihilerait complétement l'avenir de la Prusse comme puissance allemande. La politique du cabinet prussien qui a élevé si haut cette puissance, se changerait alors en cette politique tracassière qui caractérise aujourd'hui le cabinet de M. de Metternich, dont l'unique but est de faire peser un peuple sur l'autre en arrêtant toute la liberté du mouvement de chacun d'entre eux, en étouffant dans une atmosphère pesante et lourde la vie de chaque nationalité; en gênant le développement de chaque individualité nationale.

____

(1) C'est-à-dire l'ancien duché de Varsovie avec le titre de roi.

Non, la Prusse n'abandonnera jamais sa haute politique, elle n'abandonnera jamais les projets qu'elle a sur l'Allemagne pour se jeter du côté de la Slavonie. C'est une puissance purement allemande, et qui veut rester allemande. Aussi, voyez-vous comme elle embrasse, comme elle serre de tout côté cette Allemagne divisée et faible; comme elle en chasse l'influence autrichienne, comme elle regarde d'un œil jaloux la Bavière, qui seule pourrait déranger ses plans si elle était capable de se former une politique plus conforme à sa position, si elle était capable d'une grande *pensée politique active*, si enfin elle était capable de comprendre la mission que la Providence lui a réservée dans le midi de l'Allemagne, ainsi que dans toute l'Allemagne catholique.

Mais aujourd'hui la Prusse a le champ libre. Aussi agit-elle par tous les moyens possibles. L'armée prussienne, l'université de Berlin, la philosophie protestante prussienne, les douanes prussiennes, le crédit prussien, le libéralisme prussien, enfin *toute la civilisation prussienne* et toute l'énergie du gouvernement prussien pèsent aujourd'hui sur l'Allemagne d'un poids énorme; et si nous ne pressentions quelque chose de mieux pour le centre de l'Europe, nous serions tentés de croire que la Prusse est destinée à dominer toute l'Allemagne.

Toujours est-il que la Prusse a un gouvernement assez fort à l'intérieur pour pouvoir soutenir une *pensée politique active* à l'extérieur, et par cela même qu'elle est en possession de cette pensée, elle a conquis une position en Europe beaucoup au-dessus de ses forces matérielles. Elle a une *valeur nominale* beaucoup plus grande que sa valeur réelle.

§ IV.

La vieille constitution de l'Angleterre a encore assez de force pour diriger le vaisseau de cet état.

Nous ne pouvons pas suivre dans tous ses mouvements l'ancien et traditionnel cabinet britannique. Il nous suffit de dire qu'il est tout juste le cabinet dont l'histoire appuie le plus fortement nos assertions. Comme le cabinet de Saint-Pétersbourg, ou comme jadis celui de Venise ou de Madrid, le cabinet britannique, fort à l'intérieur, a donné peut-être plus d'extension qu'aucun autre

à sa *politique active* à l'extérieur. Il déchoit aujourd'hui de sa grandeur. Les causes de cette décadence sont connues de tout le monde.
Une dette immense, les luttes des partis, le mécontentement de
l'Irlande, les chartistes enfin, tous ces embarras affaiblissent la
liberté d'action à l'intérieur, et par cela même arrêtent son élan à
l'extérieur. Mais, nous le répétons, la vieille constitution anglaise
a encore assez de force à l'intérieur pour permettre au cabinet britannique d'agir avec une certaine vigueur au dehors.

§ V.

Quant à l'Autriche, c'est aujourd'hui le plus pauvre état de
l'Europe. Nous avons déjà mentionné sa politique tracassière,
mesquine, nuisible à tant de nationalités, nuisible à toute l'Europe
parce qu'elle a retranché de la famille européenne plusieurs nations
qui étaient destinées à jouer un rôle distingué dans la chrétienté.
La maison de Habsbourg, ne sachant pas réunir l'Allemagne, ne
pouvant pas se maintenir en Italie, à demi vaincue par le protes-
tantisme, écrasée par la France, se rejette sur les peuples slaves
dont elle est le mauvais génie depuis des siècles. Et aujourd'hui
cette mosaïque de plusieurs peuples est gouvernée par un cabinet
qui garde, à la vérité, le souvenir de son ancienne politique, mais
qui n'est plus en état de la soutenir.

C'est que l'empereur d'Autriche n'est pas l'empereur d'Allemagne. Avec la fin de l'empire d'Allemagne tout est fini pour la
maison de Habsbourg.

Examinons-la de près. Chassée de l'Allemagne, elle veut dominer l'Italie; mais peut-on jamais croire que l'Italie baissera aujourd'hui son front intelligent devant l'Autriche? Là où la puissance des Hohenstaufens n'a jamais pu prendre racine, la maison
de Lorraine régnera-t-elle au dix-neuvième siècle? Non, dix fois
non! Il est vrai que l'empire d'Allemagne lutta pendant des siècles
avec l'Italie, mais il n'y a plus d'empire d'Allemagne. Dira-t-on
que c'est l'Autriche qui pèse maintenant sur l'Italie? Nous osons
nier cette assertion. Ce n'est pas l'Autriche qui pèse sur ce pays;
c'est le traité de Vienne et la lâcheté des souverains de la péninsule,
dont M. de Metternich est tout simplement le gendarme. De quel
côté l'Autriche tournera-t-elle donc son activité politique?

'Est-ce du côté de la Russie? Mais la Russie avance sur elle, travaille ses populations, la menace de l'idée d'un empire slave. L'Autriche reste tout à fait sur la défensive, c'est une *politique passive* qui doit absolument reculer devant la *politique active* de la Russie.

Le rétablissement de la Pologne? Malgré tout ce qu'on dit là-dessus, nous ne croyons pas qu'il soit du goût du cabinet autrichien. Depuis mille ans, mais surtout depuis la fin du quatorzième siècle, tous les empereurs minaient la puissance polonaise, car c'était la seule puissance alors qui pouvait mettre des bornes à leurs prétentions du côté de la Slavonie. Comment voulez-vous que maintenant, lorsque la puissance de la maison d'Autriche est bornée aux pays slaves, elle puisse se réconcilier avec l'idée du rétablissement de la Pologne? Elle se rappelle très-bien l'époque où elle était presque exclue de la Slavonie par la maison des Jagellons qui régnait en Pologne, en Hongrie et en Bohême en même temps; elle sait bien que la couronne de Pologne depuis mille ans représente la Slavonie occidentale, la Slavonie catholique romaine, la Slavonie européenne. La Moscovie lui fait peur comme elle fait peur à peu près à tout le monde. Mais c'est un autre élément, une autre nature, une autre religion, un autre principe politique et social. Si la Moscovie n'est pas trop ambitieuse, l'Autriche peut exister à côté d'elle, tandis que l'Autriche, cet état slave en robe allemande, ne saurait exister à côté de la Pologne. La couronne de Pologne lui porterait un coup mortel; déjà aujourd'hui elle a tant de peine à maintenir l'esprit slave sous son joug allemand; que deviendrait-elle s'il s'élevait à côté d'elle une nation puissante, civilisée et libre, qui à coup sûr prendrait sous sa protection toutes les prétentions des peuples slaves gémissant sous le joug autrichien. Nous voyons donc que l'Autriche, noyée dans l'élément slave, débordée et menacée par la Russie, chassée de l'Allemagne, forcée de renoncer à l'Italie, se borne à la *politique passive*, politique mesquine et tracassière, politique de police et de prisons, si bien représentée par M. de Metternich.

Et en vérité cette mosaïque de tant de peuples, encore régie par les anciennes traditions du cabinet des empereurs descendus dans la tombe ensemble avec l'empire, ne peut pas être bien gouvernée. Aussi, que voyons-nous? Que malgré son despotisme, ses *aristocra-*

ties, sa hiérarchie bureaucratique, sa police et ses prisons, le gouvernement d'Autriche est sans force à l'intérieur, — et par conséquent incapable d'avoir aucune *pensée politique, active* à l'extérieur. Il n'a pas même assez de force pour se faire le champion du catholicisme en Allemagne, et servir par cela seul de contre-poids à la Prusse. Il se fait athée, parce que pour combattre la Prusse il faudrait au moins avoir des prêtres éclairés, une école de philosophie catholique et des évêques indépendants, et que cette pensée si simple et naturelle pour un état catholique lui fait déjà ombrage. C'est une politique passive par excellence. Tout le machiavélisme de ce cabinet rusé et fourbe ne peut vaincre la malheureuse position dans laquelle il se trouve. Il est réduit à se traîner, avec ses trente-deux millions d'habitants, à la queue de la Russie, en attendant le moment où elle daignera lui jeter un lambeau de la Turquie, d'où il pourra tirer quelques soldats demi-barbares pour les jeter dans les places fortes de ses provinces italiennes ou polonaises. Voilà l'Autriche !

§ VI.

Que dirons-nous de la France, de cette France si belle, si riche, si puissante, si remuante ; de cette reine du monde, comme le dit justement le poète ; de cette fille aînée de l'Église, comme le dit justement l'histoire ?

La monarchie française, marchant à la tête des nations avec sa loi salique et sa féodalité, son esprit chevaleresque et son esprit chrétien, son Église et ses grands capitaines, survécut à toutes les vicissitudes, jusqu'à ce qu'enfin sapée par le grand ministre et le grand roi, Richelieu et Louis XIV, elle s'affaiblit sous Louis XV et s'écroula sous Louis XVI.

Comme le czarisme en Moscovie, la loi salique et l'Église furent la force de la France, avec cette différence que le *czarisme*, cet aigle à deux têtes, tenant dans ses serres les foudres du ciel et les foudres de la terre, est par cela même incapable d'aucun développement, tandis que la monarchie européenne, cette noble fille de la société primitive-chrétienne, en acceptant séparément les deux éléments si propres à s'entre-aider, mais qui ne doivent

jamais se confondre , offre le modèle le plus parfait du développement de l'esprit humain

A peine sortie du chaos de la barbarie , la monarchie française
se montre noblement sur la scène politique , et sa *pensée politique
active* à l'extérieur se fait jour à travers les nuages du moyen âge.
L'idée la plus colossale dans l'histoire plane sur l'Europe. La monarchie française , elle aussi, s'engage sous la bannière des croisa-
des, et conduit, sous Philippe-Auguste et saint Louis, l'Europe
contre l'Asie. Sauvée par la loi salique et la loi divine , par le roi
et le miracle, du joug des Anglais , elle déborde à l'extérieur , et
sa *pensée politique active*, agit sans relâche contre la maison de
Bourgogne et la maison d'Autriche, jusqu'à ce qu'elle en demeure
vainqueur à la fin du règne de Louis XIV.

Nous le répétons : la loi salique et l'Église furent la force de l'état
français à l'intérieur, et cette force intérieure fut la cause de son
action à l'extérieur, fut la cause absolue de sa *pensée politique active* et continue.

Nous ne parlerons pas de la révolution française , ni de l'empire. Ce ne sont que deux épisodes , aussi bien dans l'histoire de
France que dans celle de l'Europe; ce sont deux épisodes qui
marquent la transition d'un état de choses à l'autre. Tous les
deux sont aussi riches en événements qu'en résultats ; mais tous
les deux ont leur histoire à part, qui elle-même n'a de valeur
qu'autant qu'elle lie une époque à l'autre. C'est un point culmi-
nant dans l'histoire où une société meurt et d'où l'autre prend
son départ.

La révolution de juillet est un événement aussi grand qu'u-
nique dans l'histoire. Nous ne pouvons ni juger , ni prévoir les
desseins de la Providence; mais au moins qu'il nous soit permis
de juger le fait accompli, et de ce fait tirer quelques conséquences. La révolution de juillet a reveillé toutes les passions en Eu-
rope, a ébranlé jusqu'au fond la société européenne; et cependant, c'est tout juste le gouvernement sorti du sein de la révolution de juillet qui a sauvé l'Europe de l'anarchie et de toutes
les conséquences d'un bouleversement universel. Sous ce point
de vue, c'est un fait unique.

Nous ne dirons pas un seul mot sur les causes qui ont amené
cette révolution : on en a déjà tant dit ! Mais quel est donc celui

qui a sauvé la France et l'Europe d'un bouleversement universel et peut-être d'un siècle d'anarchie? C'est le roi Louis-Philippe. Jamais la France ne fut plus pauvre en hommes d'état qu'après la révolution de 1830. Il n'y en avait ni dans les rangs des hommes du gouvernement passé, ni dans les rangs du gouvernement qui se formait. Tous les hommes qui entouraient le trône de juillet étaient des hommes grandis dans l'opposition, et ce n'est pas l'opposition qui forme les hommes d'état. — Casimir Périer, par exemple, ce grand homme *ignorant*, aurait-il pu alors marcher à la tête de la révolution s'il avait été abandonné à ses propres forces? Quant aux autres, ils étaient encore dans l'ombre. Le seul roi Louis-Philippe était à la hauteur des circonstances, aussi à lui seul le mérite. Il est vrai qu'il fut puissamment secondé par une phalange invincible de quelques douzaines de ministres, mais ce n'étaient que des instruments passifs, qui souvent ne le comprenaient même pas et qui par quelques paroles échappées à la tribune compromettaient sa haute politique. — Aussi se sont-ils usés plus tard par leur propre maladresse ou par quelques actions d'une ambition mesquine. Un jour ils n'auront pas même l'honneur d'être regardés, dans l'histoire, comme les braves lieutenants d'un grand capitaine.

Quatre cent mille baïonnettes jetées de l'autre côté du Rhin, après la révolution de juillet, auraient poussé l'Europe dans l'abîme des révolutions. La France ne pouvait alors marcher que sous l'ombre de la bannière révolutionnaire. A cette époque l'Allemagne fut folle d'enthousiasme et l'Italie minée par le carbonarisme. La Pologne, sage au commencement de son insurrection, devint capable d'accepter toutes les idées, pourvu qu'on l'aidât à secouer un joug détesté. Nous sommes donc persuadés que la révolution aurait été partout vainqueur en 1830. Quand on nous parle de la Prusse et de l'Autriche, ou quand on nous dit que la France n'était pas prête à la guerre, on ne nous donne que de mauvaises raisons. La Prusse et l'Autriche tremblèrent alors, et la France est toujours prête quand elle veut.

Tous les peuples de l'Europe aidant, quatre cent mille soldats français auraient plus fièrement marché jusqu'à Moscou que sous le règne de Napoléon. Mais la révolution faite en Europe, qui se serait chargé de fonder une nouvelle société? qui se serait chargé

de calmer l'Allemagne enthousiaste, d'organiser la Pologne anar-
chique, de museler le carbonarisme italien? Croit-on, par
exemple, qu'il aurait suffi de donner à tout ce monde nouveau
un code civil, une chambre des députés, avec un M. Dupin ou
un M. Sauzet pour président, qu'il aurait suffi de lui jeter pour
toute pâture révolutionnaire quelques phrases de la tribune ac-
tuelle, et de lui dire pour en finir avec l'esprit révolutionnaire :
Sois content, tu en as assez !...

Vous voyez si cela suffit actuellement à l'Espagne, dont la révolution fut cependant si légale et commencée sous les auspices
d'une reine ?

Non! personne ne peut prévoir les chances incalculables que
l'Europe aurait courues si la révolution de juillet avait franchi
le Rhin. En marchant sur le ventre de tous les empires de l'Europe, elle aurait changé de nature, elle aurait réagi sur elle-
même, elle aurait jeté au vent toutes vos institutions avec tous
vos hommes de juillet, sans excepter même MM. Lafayette et
Laffitte. Louis-Philippe, en l'enfermant dans les limites de la
France, a sauvé l'Europe et la société européenne, qui de nouveau
peut prendre sa marche ordinaire et se développer régulièrement.

Le roi des Français a fait beaucoup, il aurait fait plus s'il n'é-
tait pas gêné continuellement par cette classe incapable d'aucun
instinct politique sur laquelle il est forcé de s'appuyer aujour-
d'hui.

La première révolution brisa tout en France. Elle ferma la politique ancienne et écarta du pouvoir une race décrépite, dans
laquelle cependant étaient déposées toutes les traditions politi-
ques. La république forma des soldats et des généraux que l'empereur employa. Un seul grand homme d'état qui se forma dans
cet intervalle avait les mains liées, d'abord par les excès de la
république, plus tard par le génie de Napoléon. On ne compte
pas la restauration. Tous les hommes intelligents furent dans les
rangs de l'opposition ; et nous avons déjà dit que l'opposition ne
produit que rarement des hommes d'état.

Cependant le gouvernement de juillet a cet avantage sur la
restauration, que tous ces hommes intelligents ont passé de l'opposition au gouvernement. Louis Philippe a trouvé une phalange avec laquelle il pouvait marcher en avant.

Est-ce suffisant pour fonder une nouvelle politique ? pour fonder un gouvernement fort à l'intérieur et créer une *pensée politique active* à l'extérieur ? Assurément non ! Cela suffirait peut-être à un gouvernement despotique, mais cela ne peut jamais suffire à un gouvernement représentatif.

Le gouvernement représentatif s'appuie sur la nation. C'est une manière de dire, mais en réalité le gouvernement représentatif s'appuie sur la classe qui représente la nation.

Quelle classe représente maintenant la nation française ? Les avocats ? Mais les avocats ne sont rien, n'étaient rien même du temps de Cicéron. Les marchands ? Mais que sont les marchands français ? Sont-ils les marchands de l'ancienne république de Venise, de celle de Hollande ? Se sont-ils déjà élevés assez haut pour donner de la grandeur à la politique d'une nation aussi puissante que la nation française ? Personne ne l'osera soutenir.

Aussi voyons-nous la chambre des députés incapable d'aucune pensée grande et soutenue. Divisée et subdivisée en fractions, elle offre le triste spectacle, non pas d'une lutte des partis, mais d'un ennuyeux tripotage des coteries. Si nous oublions la hardiesse d'un seul homme d'avenir et un petit nombre d'hommes de talent, cette assemblée est en général au-dessous de sa mission.

Dans cet état de choses, que devons-nous souhaiter à la France et par conséquent à l'Europe ? L'affermissement du pouvoir royal. C'est sous les auspices du pouvoir royal que cette classe de la haute bourgeoisie, appelée à remplacer la classe détruite par la révolution de 93, peut s'élever à la hauteur de sa position et acquérir cette intelligence et cette dignité qui est absolument nécessaire à une classe destinée à servir de soutien à un grand état. Alors elle pourra produire des députés et des hommes d'état. Se recrutant continuellement dans le peuple auquel les institutions ouvrent toutes les portes pour s'élever, elle aura encore cet avantage sur les classes purement aristocratiques qu'elle ne pourra vieillir. Ce n'est pas l'affaire d'une génération. Mais en attendant, chacun doit faire son devoir, et chaque citoyen qui se trouve au-dessus des bavardages des journaux et des tripotages des partis, doit faire tous ses efforts pour augmenter le respect et la force du pouvoir royal.

§. VII.

Le gouvernement, fort à l'intérieur, engendrera sur-le-champ une *pensée politique active* à l'extérieur, dont le cabinet français est complétement dépourvu aujourd'hui. On crie que le gouvernement n'a pas assez d'énergie envers l'étranger : il n'en aura jamais s'il garde sa *politique passive* dans le concert européen. Vous ne faites rien, et vous voulez empêcher de tout faire. Les autres cabinets ne sont pas stationnaires ; et si la France ne trouve pas une *pensée politique active* pour l'opposer à leur marche, elle perdra toute son influence ; sa valeur nominale tombera au-dessous de sa valeur réelle. Regardez l'Autriche : matériellement elle est plus forte que la Russie, et cependant elle se traîne à la queue de son alliée.

La France ne peut plus, ne veut plus faire de conquêtes ; l'Allemagne, l'Italie, l'Espagne sont fermées pour elle. Elle agira moralement sur ces peuples ; c'est l'intelligence de la nation française qui pèsera sur eux. Où est donc le champ libre pour l'activité de la politique française ? — C'est l'Orient !

Qu'est-ce que l'Orient ? Est-ce Constantinople ?

Non ! c'est la *pensée politique active* de la Russie, c'est le sort de la Perse, le sort de la Turquie, le sort de la Grèce, le sort de la Pologne et de tous les peuples slaves, depuis le Bosphore jusqu'en Bohême, jusqu'au fond de l'Allemagne.

Contre cette *pensée politique active* de la Russie il faut opposer la *pensée politique active* de la France.

Si la France s'opiniâtre à maintenir le statu-quo, si elle reste continuellement sur la défensive, si elle garde sa *politique passive*, elle sera débordée par la Russie. D'ailleurs, le statu-quo est impossible. La Perse n'est plus une barrière contre l'ambition de la Russie ; la Turquie tombe d'elle-même, et la moindre secousse ébranlera toute la Slavonie. Une nouvelle insurrection en Pologne soulèvera tous les pays slaves sous la domination turque et autrichienne.

En attendant, la Russie a tous les jours plus d'influence en Asie ; elle se prépare à saisir Constantinople, et travaille sourdement l'Autriche. Elle est déjà maîtresse de la Perse, et prépondérante

dans les conseils du divan ; — elle donne des décorations à tous
les savants slaves autrichiens ; et, n'oubliant pas la Grèce, elle
parle à l'oreille de tous les schismatiques de la Slavonie turque et
autrichienne.

On nous dira à cela que la France est impuissante contre tous
les événements qui se préparent. Pour toute-réponse, nous
disons à notre tour que s'il y avait en France un Richelieu, depuis
long-temps tous ces pays, en Asie et en Europe, seraient rem-
plis d'émissaires français, l'argent français serait bien connu dans
toutes ces contrées, et il y aurait des relations intimes entre le
cabinet des Tuileries et quelques personnages éminents de la
Perse, de la Turquie, de la Grèce et de toute la Slavonie. La
Russie le fait ; pourquoi la France ne le ferait-elle pas ?

Oui, si la France veut se maintenir à la hauteur de ses destinées, elle doit sur-le-champ opposer une *politique active* à la *politique active* de la Russie. Le champ de bataille c'est l'Orient. Le
statu-quo étant impossible, trois puissances joueront un rôle actif
dans cette révolution inévitable : la Russie, l'Angleterre, la France.
Dans la combinaison des alliances, il faut s'efforcer d'être deux
contre un : c'est tout simple. Eh bien ! il ne dépend que de la
France de maintenir l'alliance anglaise. Qu'elle embrasse une politique active, et elle n'aura pas de peine à faire partager à
l'Angleterre ses efforts, les intérêts de l'Angleterre étant en opposition avec ceux de la Russie.

L'Angleterre lutterait en Asie ; et la France prendrait spéciale-
ment sous sa protection la Turquie d'Europe et toute la Slavonie.

Nous ne poussons pas à la guerre ouverte. Qu'on lutte avec les
mêmes armes que celles dont la Russie se sert depuis long-temps.
Le cabinet autrichien connaît parfaitement toutes les menées du
cabinet de Saint-Pétersbourg ; et cependant nous n'entendons
pas gronder le canon ! C'est que M. de Metternich sait très-bien
que toutes les représentations qu'il pourrait faire au cabinet de
Saint-Pétersbourg seraient inutiles, et qu'il sait qu'il n'est pas
en son pouvoir d'arrêter la *politique active* de la Russie, tandis qu'il
est beaucoup moins mesuré avec le cabinet français, parce qu'il
sait aussi qu'une de ses boutades ferait reculer ce cabinet dépourvu de toute *pensée politique active, systématique, continue.*

Le statu-quo ne pouvant pas se maintenir, les nations slaves doivent ou devenir libres, ou passer sous le joug de la Russie.

La Russie veut les subjuguer; or, la France doit s'efforcer de les rendre libres. Si la France s'opiniâtre à maintenir le statu=quo, si —nous le répétons exprès— la France garde sa *politique passive*, elle sera débordée par la Russie.

Voilà toute la question; un jour, le cabinet français sera forcé de l'approfondir, sera forcé d'embrasser la politique que nous avons indiquée. Dieu veuille que cela n'arrive pas trop tard !

Assurément, la *politique active* de la France doit se faire sentir sur plusieurs autres points de la terre; mais la lutte contre la *politique active* de la Russie doit être sa pensée principale. Si la France ne sert pas de contre-poids à la Russie, elle perdra toute son influence. — La lutte systématique et continue contre cette puissance doit remplacer l'ancienne lutte contre la maison d'Autriche. Un ministre qui saurait engager la France dans cette lutte serait un digne successeur de Richelieu.

§ VIII.

Nous avons dit plus haut que dans la révolution inévitable de l'Orient trois puissances joueront un grand rôle : la France, l'Angleterre et la Russie; et que dans la combinaison des alliances il faut s'efforcer d'être deux contre un.

La Russie, qui comprend le mieux la question, brouilla le sultan avec le pacha pour brouiller la France avec l'Angleterre.

Le traité de Londres ne fut pas fait à cause de la querelle des Musulmans; c'est la querelle des Musulmans qui fut suscitée pour amener une rupture entre la France et l'Angleterre. On brouilla l'Orient pour brouiller l'Occident, et on brouilla l'Occident pour réussir en Orient.

L'Angleterre tomba dans le piége de la Russie en signant le traité de Londres; et la France serait tombée dans le même piége si elle avait définitivement rompu avec l'Angleterre.

Il n'y a rien de plus absurde et de plus désolant que cette haine qu'on veut réveiller en France contre l'Angleterre : la rupture entre ces deux puissances serait le triomphe de la Russie. Elle n'attend que cela pour finir la question d'Orient. Qu'avez-vous donc contre l'Angleterre?

Son commerce est plus étendu, sa marine est plus puissante ; eh bien ! vous n'avez qu'à augmenter votre marine, en donnant plus d'extension à votre industrie et à votre commerce.

Est-ce que, par exemple, l'Angleterre est forcée de s'arrêter dans sa carrière commerciale pour ne pas trop vous devancer ? Luttez avec elle, mais luttez noblement. Au lieu d'arrêter le progrès de l'industrie par une guerre sanglante, augmentez les richesses du monde civilisé en vous efforçant d'égaler votre rivale.

Quant à la Russie, c'est tout différent. Il ne s'agit plus ici d'une noble rivalité, c'est une lutte entre l'Europe et l'Asie, entre la monarchie européenne et le mongolisme ; c'est une lutte pour savoir qui restera prépondérant dans le monde : la France, à la tête de l'Europe, ou bien le czar.

Choisissez maintenant entre l'alliance anglaise et l'alliance russe.

PARIS IMP. PAR BÉTHUNE ET PLON.